3° La promesse de porte-fort d'exécution (art. 1204 c. civ.)

Le promettant s'engage au profit d'un bénéficiaire à exécuter une obligation dans le cas où un tiers (en pratique, débiteur du bénéficiaire) ne l'exécuterait pas. Le porte-fort d'exécution constitue une obligation de faire, de résultat et autonome par rapport à l'obligation du tiers [Civ. 1ère, 16 avr. 2015, n° 14-13694].

4° Les sûretés négatives

Les sûretés négatives sont des engagements qui visent à préserver le droit de gage général du créancier : interdiction de vendre ou d'hypothéquer un bien (clause d'inaliénabilité) ; domiciliation des salaires auprès de la banque créancière ; ne pas accorder une sûreté à un autre créancier sans proposer au créancier garanti le même avantage (clause *pari passu*), etc. La sûreté négative peut aussi résulter d'un pacte entre créanciers aux termes duquel un créancier accepte que sa dette soit subordonnée au paiement d'une « dette senior ».

Le rôle de l'agent des sûretés

« Toute sûreté ou garantie peut être prise, inscrite, gérée ou réalisée par un agent des sûretés, qui agit en son nom propre au profit des créanciers de l'obligation garantie » (art. 2488-6 c. civ.). L'agent des sûretés peut accomplir tous les actes relatifs aux sûretés, ce qui présente un intérêt lorsqu'il existe une pluralité de créanciers ou en cas de changement de créancier. « Les biens et droits acquis par l'agent des sûretés dans l'exercice de sa mission forment un patrimoine affecté à celle-ci, distinct de son patrimoine propre. » (art. 2488-6 al. 3)

LES SÛRETÉS

A. LE CAUTIONNEMENT

Le cautionnement est un contrat accessoire et unilatéral par lequel une caution s'engage envers un créancier à exécuter l'obligation d'un tiers (débiteur principal) en cas de défaillance de celui-ci.

L'engagement par lequel un tiers consent une sûreté réelle pour garantir la dette d'autrui n'est pas un cautionnement, de sorte que les règles du cautionnement (proportionnalité, bénéfice de subrogation, etc.) sont inapplicables [Civ. 3e, 12 avr. 2018, n° 17-17542].
L'avant-projet de réforme du droit des sûretés (Association H. Capitant, 2017) prévoit de mettre fin à cette jurisprudence en consacrant la notion de cautionnement réel.

1° Les conditions du cautionnement

a) Les conditions de preuve

▶ L'exigence d'un consentement exprès

« Le **cautionnement** ne se présume point ; il doit être exprès, et on ne peut l'étendre au-delà des limites dans lesquelles il a été contracté. » (art. 2292 c. civ.) Le cautionnement peut garantir une dette présente (prêt, bail) ou future (à condition que l'obligation cautionnée et le débiteur soient déterminables). Le cautionnement de dettes futures fait peser sur la caution une obligation de couverture à exécution successive, de sorte que toutes les dettes couvertes nées pendant la période de couverture seront garanties et, dès leur naissance, l'obligation de couverture se transformera en obligation de règlement. La caution peut enfin s'engager à garantir l'ensemble des dettes présentes et futures d'un débiteur à l'égard d'un créancier (cautionnement omnibus).

▶ **La mention spéciale écrite**

Le cautionnement conclu sous seing privé doit comporter la mention écrite par la caution de la somme en toutes lettres et chiffres qu'elle s'engage à payer en cas de défaillance du débiteur principal (art. 1376 c. civ.). Cette exigence n'est pas applicable au cautionnement commercial qui se prouve par tous moyens, ni au cautionnement soumis à la mention manuscrite prévue par le code de la consommation, ni au cautionnement par acte notarié ou contresigné par un avocat. Elle s'impose pour les cautionnements consentis (i) par une personne morale non commerçante au profit de tout créancier, (ii) par une personne physique non commerçante au profit d'un créancier non professionnel.

Les cautionnements commerciaux

Sont commerciaux, le cautionnement bancaire, le cautionnement d'une dette commerciale, le cautionnement consenti par une caution ayant un intérêt patrimonial personnel dans l'opération (caution dirigeante). Le cautionnement commercial relève de la compétence du tribunal de commerce et est présumé solidaire.

b) Les conditions de forme

▶ **La personne physique qui s'engage par acte sous seing privé en qualité de caution**, soit à garantir un crédit à la consommation ou un crédit immobilier consenti à un consommateur (art. L 314-15 c. conso.), soit envers un créancier professionnel (art. L 331-1 c. conso.) fait précéder sa signature d'une mention manuscrite. La mention doit indiquer le montant de l'engagement (ce plafond recouvre tous les accessoires) et sa durée. En cas d'engagement solidaire, une autre mention doit être reproduite à la main par la caution. Tout écart par rapport à la formule légale entraîne la nullité relative, sauf si l'erreur matérielle (ex. : faute d'orthographe) n'affecte pas la compréhension par la caution de la portée de son engagement.

§

L'avant-projet de réforme du droit des sûretés élaboré par l'Association Henri Capitant (2017) propose de retenir une mention manuscrite, intégrée au code civil, portant uniquement sur le montant et la solidarité qui profiterait à toute personne physique.

La durée doit être exprimée en jours, mois ou années. Cependant, le cautionnement à durée indéterminée (jusqu'au paiement par le débiteur) a été jugé licite [Cass. com., 15 nov. 2017, n° 16-10504].

▶ **Le cautionnement consenti par une personne physique, en garantie des dettes du locataire ayant conclu un bail d'habitation**, comprend des mentions obligatoires (L. 6 juill. 1989, art. 22-1 al. 6) portant notamment sur le montant du loyer et les conditions de sa révision, et sur la faculté de résiliation unilatérale de la caution au terme du bail lorsque son engagement est à durée indéterminée.

c) Les conditions de fond

▶ **Vices du consentement**

Les deux principales causes d'erreur de la caution résident dans la croyance erronée que d'autres garanties ont été obtenues par le créancier ou que le débiteur était solvable au moment de l'engagement de la caution. L'engagement de la caution est nul si elle démontre que l'existence d'autres garanties ou la solvabilité actuelle du débiteur étaient des conditions déterminantes. Ces conditions peuvent être tacites [ex. : Com., 22 sept. 2015, n° 14-17671 ; Com., 19 mai 2015, n° 14-10860].

Quant au dol, il résulte principalement de la dissimulation par le créancier de la situation irrémédiablement compromise ou lourdement obérée du débiteur ou encore de son intention de ne pas maintenir les crédits consentis au débiteur. Encore faut-il que la caution ait légitimement ignoré l'information dont disposait le créancier ou qu'elle ait pu lui faire confiance (art. 1112-1, al. 1er c. civ.). La caution dirigeante est réputée connaître la situation financière de la société débitrice principale. Le devoir d'information étant d'ordre public, la clause selon laquelle la caution a pleine connaissance de la situation financière du débiteur ou ne fait pas de celle-ci une condition déterminante ne dispense pas le créancier de son obligation [Civ. 1ère, 14 mai 2009, n° 07-17568 et 13 mai 2003, n° 01-11511].

▶ Capacité de la caution

L'administrateur légal d'un mineur peut constituer une sûreté au nom du mineur pour garantir la dette d'un tiers avec l'autorisation du juge des tutelles. En revanche, la sûreté pour garantir la dette d'un tiers est interdite en cas de tutelle d'un majeur ou d'un mineur.

▶ Cautionnement consenti par une société

Les sociétés de personnes ne sont engagées par un cautionnement que si un tel acte est prévu par les statuts, autorisé par l'unanimité des associés ou s'il existe une communauté d'intérêts entre la société caution et la société cautionnée. Encore faut-il que l'acte ne soit pas jugé contraire à l'intérêt social [Civ. 1ère, 18 oct. 2017, n° 16-17184]. Les sociétés par actions et la SARL sont engagées par tous les actes conclus par leurs représentants légaux. Dans les sociétés anonymes, les cautions, avals et garanties font, à peine d'inopposabilité à la société caution, l'objet d'une autorisation préalable du conseil d'administration.

▶ Cautionnement consenti par un époux

« Chacun des époux ne peut engager que ses biens propres et ses revenus, par un cautionnement ou un emprunt, à moins que ceux-ci n'aient été contractés avec le consentement exprès de l'autre conjoint qui, dans ce cas, n'engage pas ses biens propres. » (art. 1415 c. civ.)

▶ Contrepartie du cautionnement

La contrepartie du cautionnement réside dans le crédit octroyé au débiteur par le créancier [arrêt *Lempereur* 1972], de sorte que la perte de la qualité de conjoint ou de dirigeant de la caution n'affecte pas son engagement. En principe, l'exigence d'une contrepartie ne fait pas obstacle au cautionnement d'une dette ancienne, même si le débiteur est devenu insolvable [contra, Com., 17 mai 2017, n° 15-15746].

LES CONDITIONS DU CAUTIONNEMENT

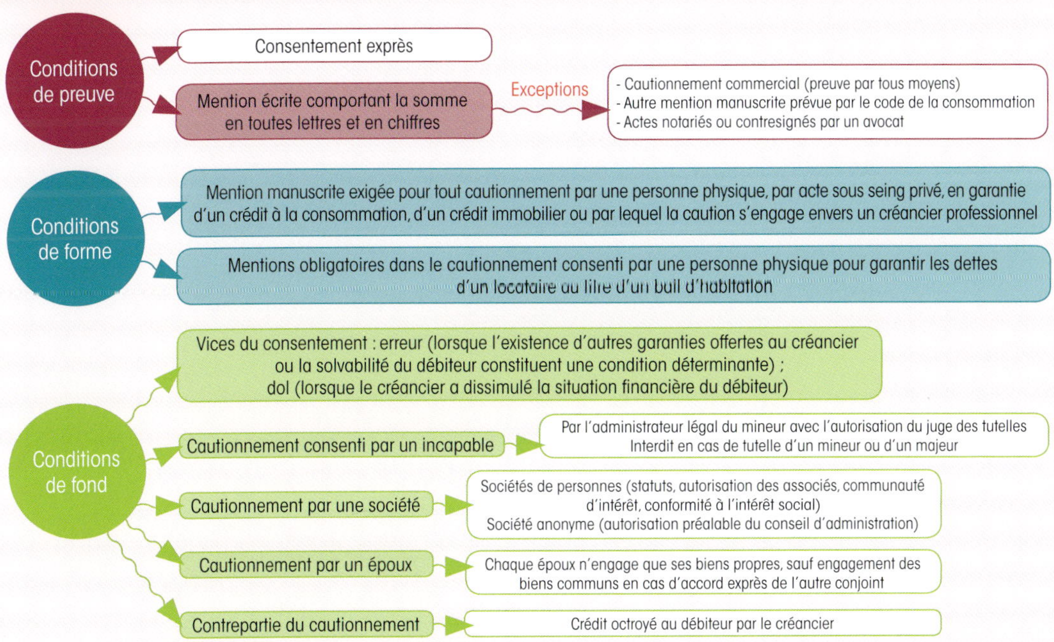

2° Les effets

a) L'engagement accessoire de la caution

▶ L'obligation de la caution ne peut dépasser dans son étendue ce qui est dû par le débiteur principal (art. 2290 al. 1er c. civ.).
Le cautionnement est indéfini lorsque la caution s'engage dans les mêmes termes que le débiteur principal, sans limitation par rapport à l'obligation principale. Cependant, la déchéance du terme de l'obligation principale est inopposable à la caution, sauf clause contraire (art. 1305-5 c. civ.). Le cautionnement indéfini « s'étend à tous les accessoires de la dette » (art. 2293 al. 1er c. civ.). Le cautionnement est défini lorsque la caution s'engage dans la limite d'un plafond chiffré.

▶ Les exceptions opposables par la caution
« La caution peut opposer au créancier toutes les exceptions qui appartiennent au débiteur principal, et qui sont inhérentes à la dette. Mais elle ne peut opposer les exceptions qui sont purement personnelles au débiteur. » (art. 2313 c. civ.)

Exceptions inhérentes à la dette	Exceptions purement personnelles
- La prorogation du terme ; la caution peut en bénéficier ou exercer un recours avant paiement contre le débiteur - Les exceptions de nullité, de résolution et de résiliation de l'obligation principale, de même que l'exception d'inexécution ou de réduction proportionnelle du prix - La prescription de l'obligation principale - La compensation entre les dettes réciproques du débiteur principal et du créancier, même si le débiteur principal y a renoncé - La remise de dette volontaire, la novation et la confusion	- La nullité relative du contrat principal (incapacité du débiteur principal : art. 2289 c. civ.) : ainsi, la caution qui n'est pas partie au contrat principal n'est pas recevable à invoquer la nullité relative tirée du dol affectant le consentement du débiteur principal et qui, destinée à le protéger, constitue une exception purement personnelle [Ch. mixte, 8 juin 2007, bull. n° 5]. - La prescription biennale (art. L 218-2 c. conso.) qui procède de la qualité de consommateur du débiteur principal [Civ. 1ère, 11 déc. 2019, n° 18-16147] - L'insolvabilité du débiteur principal (procédure collective ou surendettement) et les délais de grâce accordés au débiteur en vertu de l'article 1343-5 du code civil - La fin de non-recevoir tirée du défaut de mise en œuvre d'une clause de conciliation obligatoire et préalable à la saisine du juge

b) L'intensité de l'engagement de la caution

▶ Le cautionnement simple
La caution peut se prévaloir du bénéfice de discussion, ce qui oblige le créancier à poursuivre la vente forcée des biens du débiteur principal avant d'obtenir un paiement de la caution (art. 2299 c. civ.). Lorsque plusieurs cautions se sont obligées pour une même dette, chaque cofidéjusseur peut se prévaloir du bénéfice de division qui oblige le créancier à ne réclamer à chaque cofidéjusseur que sa part contributive ; étant précisé que la part contributive d'une caution insolvable se répartit par contribution entre les cofidéjusseurs solvables (art. 2303 c. civ.).

▶ Le cautionnement solidaire
La solidarité, résultant d'une stipulation expresse du contrat (sauf présomption à l'encontre des commerçants), fait perdre à la caution les bénéfices de discussion et de division. La solidarité produit en outre des effets secondaires :
- la mise en demeure adressée à l'un des cofidéjusseurs produit effet à l'encontre des autres ;
- l'interruption de la prescription à l'égard d'un cofidéjusseur vaut à l'égard des autres et du débiteur principal ;
- la demande d'intérêts formée contre un cofidéjusseur fait courir les intérêts à l'égard de tous ;
- l'autorité de la chose jugée à l'égard du débiteur principal ou d'une caution est opposable à tous.

c) Les recours de la caution

▶ Les recours après paiement

Recours personnel (art. 2305 c. civ.)	Recours subrogatoire (art. 2306 c. civ.)	Déchéance des recours
Permet à la caution d'obtenir le remboursement de ce qu'elle a payé et des frais qu'elle a engagés, l'indemnisation des dommages subis en raison de l'exécution de son engagement et le paiement des intérêts au taux légal à compter de son paiement.	Permet à la caution d'exercer les droits du créancier contre le débiteur, à concurrence de son paiement effectif. La caution ne peut réclamer que ce qu'elle a payé, augmenté des intérêts au taux légal à compter de la mise en demeure du débiteur. Elle bénéficie de tous les accessoires de la créance, tels que les sûretés réelles ou personnelles. La caution n'a pas de recours à l'encontre de personnes envers lesquelles le créancier ne disposait d'aucun droit (sous caution ; cofidéjusseur dont l'engagement était disproportionné).	(i) Si la caution a payé le créancier sans avoir averti le débiteur qui a payé une seconde fois. (ii) Si la caution a payé le créancier sans être poursuivie et sans avoir averti le débiteur quand celui-ci disposait, au moment du paiement, de moyens de faire déclarer la créance éteinte. La caution est déchue à hauteur des sommes que le débiteur n'aurait pas eu à acquitter [Civ. 1ère, 9 sept. 2020, n° 19-14568].

▶ Les recours avant paiement (art. 2309 et 2316 c. civ.)

(i) En cas de procédure collective ou de surendettement du débiteur, ce qui permet à la caution de déclarer sa créance contre le débiteur principal
(ii) En cas de poursuite du créancier
(iii) En cas d'échéance ou de prorogation du terme de l'obligation principale
(iv) Lorsque l'obligation principale à durée indéterminée court depuis plus de dix ans
(v) Lorsque la décharge promise par le débiteur n'a pas été rapportée dans le délai convenu

▶ Le sous-cautionnement et la certification de caution

La sous-caution s'engage à payer la dette d'un débiteur principal à l'égard de la caution. Elle garantit les recours de la caution. Le certificateur de caution garantit le recours du créancier contre la caution.

▶ Les recours entre cofidéjusseurs

La caution qui a payé le créancier (caution *solvens*) dispose des recours personnel et subrogatoire contre ses cofidéjusseurs mais toujours pour leur part dans la dette (art. 2310 c. civ.). La caution doit donc diviser ses recours contre les cofidéjusseurs, sauf clause contraire.

3° L'extinction du cautionnement

a) L'extinction par voie accessoire

L'extinction du cautionnement résulte de l'extinction de l'obligation principale par :

- Prescription : même si le débiteur y a renoncé ou s'est laissé condamner
- Novation et délégation parfaite : « Par exception, les sûretés d'origine peuvent être réservées pour la garantie de la nouvelle obligation avec le consentement des tiers garants. » (art. 1334 al. 2 c. civ.)
- Confusion (art. 1349-1 c. civ.)
- Cession de contrat ou de dette : à condition que le cédé ait accepté de libérer le cédant pour l'avenir (art. 1216-1 c. civ. ; art. 1327-2 c. civ.). Le cas échéant, les sûretés consenties par le cédant ou par des tiers ne subsistent qu'avec leur accord (art. 1216-3 c. civ. ; art. 1328-1 c. civ.).
- Remise de dette accordée au débiteur principal (art. 1350-2 c. civ.)

- Annulation ou résolution, car le cautionnement ne peut garantir qu'une obligation valable (art. 2289 al. 1er c. civ.). Par exception, « les sûretés constituées pour le paiement de l'obligation sont reportées de plein droit sur l'obligation de restituer sans toutefois que la caution soit privée du bénéfice du terme » (art. 1352-9 c. civ.).
- Défaut de déclaration de la créance dans le cadre d'une procédure de rétablissement personnel du débiteur principal (art. L 742-11 et L 741-9 c. conso.) ou en cas d'acceptation de la succession du débiteur principal à concurrence de l'actif net (art. 792 c. civ.).

b) L'extinction par voie principale

▶ La caution peut invoquer toutes les causes d'extinction qui lui sont propres (paiement, nullité, prescription, compensation, remise de dette, etc.).

Lorsque le cautionnement de dettes futures n'est pas limité dans le temps par un terme extinctif, la caution dispose du droit de résiliation unilatérale qui met fin à l'obligation de couverture.

▶ Le changement de situation des parties et du débiteur principal

Selon le principe de la transmission universelle du patrimoine, le débiteur principal qui absorbe une société est tenu des dettes de la société absorbée. Par conséquent, l'engagement de la caution *omnibus*, qui garantit l'ensemble des dettes présentes et futures du débiteur principal à l'égard d'un même créancier, s'étend aux dettes qui ont été contractées auprès de ce même créancier par la société ultérieurement absorbée par le débiteur principal [Com., 28 févr. 2018, n° 16-18692].

Extinction des obligations de la caution en cas de changement de situation

	Obligation de règlement (dettes présentes)	Obligation de couverture (dettes futures)
Changement de qualité (dirigeant, époux, etc.) ou de forme sociale de la caution, du créancier ou du débiteur principal	NON (sauf clause contraire)	NON (sauf clause contraire)
Décès de la caution	NON (art. 2294 c. civ.)	OUI [Com., 29 juin 1982, *Ernault*, bull. n° 258]
Fusion absorption de la caution	NON	OUI [Com., 7 janv. 2014, n° 12-20204]
Décès / Procédure collective du débiteur principal	NON	NON (si l'obligation principale est poursuivie)
Changement de créancier (cession de créance, fusion absorption, décès)	NON [Com., 22 févr. 2017, n° 14-26704]	OUI [Com., 22 févr. 2017, id. ; Com., 19 févr. 2013, n° 11-27666]
Changement de débiteur principal (fusion absorption, cession de contrat ou de dette)	NON	OUI [Com., 21 nov. 1995, bull. n° 267 ; Com., 21 janv. 2003, bull. civ. IV, n° 9]

▶ L'extinction du cautionnement par voie principale ne libère pas le débiteur principal.

Mais, dans le cas où la caution est créancière du créancier, la créance de celui-ci sera éteinte par compensation, de sorte que le créancier ne pourra plus agir contre le débiteur principal, lequel sera alors soumis aux recours de la caution *solvens*. Par exception, « la compensation opérée entre une créance de dommages-intérêts résultant du comportement fautif du créancier à l'égard de la caution lors de la souscription de son engagement, et celle due par cette dernière, au titre de sa garantie envers ce même créancier, n'éteint pas la dette principale garantie mais, à due concurrence, l'obligation de la caution » [Com., 13 mars 2012, n° 10-28635].

▶ La libération d'une caution réduit l'engagement des cofidéjusseurs à hauteur de la part contributive de la caution libérée en cas de :

- Remise de dette accordée à l'une des cautions solidaires (art. 1350-2 al. 2 c. civ.)
- Compensation (art. 1347-6 et art. 1315 c. civ.)
- Confusion (art. 1349-1 c. civ.)
- Novation (art. 1335 al. 2 c. civ.)

En principe, les autres causes d'extinction du cautionnement (nullité, déchéance) sont sans effet sur l'engagement des cofidéjusseurs, à moins de prouver qu'ils ont fait du maintien de la totalité des cautionnements la condition déterminante de leur propre engagement.

c) L'extinction consécutive à la faute du créancier

▶ Le bénéfice de subrogation ou de cession d'actions

« La caution est déchargée, lorsque la subrogation aux droits, hypothèques et privilèges du créancier, ne peut plus, par le fait de ce créancier, s'opérer en faveur de la caution. Toute clause contraire est réputée non écrite. » (art. 2314 c. civ.)

CONDITIONS

Existence d'un droit exclusif ou préférentiel
Ex. : sûreté réelle, solidarité, délégation, compensation, droit de rétention, action en revendication, participation aux répartitions et dividendes dans une procédure collective

+

Droit certain
La caution n'est libérée que si les droits, privilèges et hypothèques existaient antérieurement au cautionnement ou si le créancier s'était engagé à les prendre.

+

Perte résultant de la faute du créancier
Constitue une faute du créancier, la perte du droit préférentiel ou exclusif consécutive à la décharge d'une caution ou d'un codébiteur, au défaut d'inscription d'une sûreté, de sa péremption ou de sa mainlevée, au défaut de réalisation d'une sûreté ou au fait de laisser vendre les biens grevés à bas prix, au défaut d'exercice de l'action en revendication, etc.

+

Perte d'un avantage effectif (préjudice)
Le créancier peut démontrer que le maintien ou la constitution du droit ne lui aurait pas permis d'obtenir un avantage effectif.

EFFET

Décharge de la caution dans la mesure de la valeur des droits perdus

▶ Les obligations légales d'information au profit de la caution

Nature du cautionnement	Objet de l'information	Sanctions
Cautionnement au profit d'une banque ayant accordé un concours financier à une entreprise art. 313-22 CMF	Information annuelle sur le montant du principal et des intérêts, commissions, frais et accessoires restant à courir au 31 décembre de l'année précédente Rappel de la faculté de résiliation unilatérale en l'absence de terme	Déchéance des intérêts échus entre la date de la précédente information et la date de l'information régulière ; Imputation des paiements effectués par le débiteur sur le capital, mais uniquement dans les rapports caution/créancier
Cautionnement consenti par une personne physique au profit d'un créancier professionnel art. L 333-2 c. conso.	Idem + Défaillance du débiteur dès le premier incident de paiement dans le mois de son exigibilité	Déchéance des pénalités et intérêts de retard entre la date du premier incident de paiement et la date de l'information régulière Si le débiteur exécute ses obligations, il n'y a ni pénalités, ni intérêts de retard, et donc la violation de l'obligation d'information n'est pas sanctionnée.
Cautionnement indéfini consenti par une personne physique art. 2293 al. 2 c. civ.	Information annuelle sur le montant de la créance garantie et de ses accessoires	Déchéance de tous les accessoires, frais et pénalités
Cautionnement à durée indéterminée consenti par une personne physique pour garantir la dette professionnelle d'un entrepreneur individuel L. 11 févr. 1994, art. 47-II	Défaillance du débiteur dès le premier incident de paiement dans le mois de son exigibilité	Déchéance des pénalités et intérêts de retard entre la date du premier incident de paiement et la date de communication de l'information régulière
Cautionnement garantissant un crédit à la consommation ou un crédit immobilier art. L 314-17 c. conso.	Défaillance du débiteur dès le premier incident de paiement	Néant
Cautionnement garantissant un bail d'habitation L. 6 juill. 1989, art. 24, I	Commandement de payer dans les 15 jours suivant sa signification au débiteur	Déchéance des pénalités et intérêts de retard
Toute caution en cas d'ouverture d'une procédure de surendettement (art. R 723-4 c. conso.) ou d'une procédure de rétablissement professionnel concernant un entrepreneur individuel (art. R 645-11 c. com.)	Ouverture de la procédure	Néant

La prétention de la caution, fondée sur le défaut d'information annuelle de la caution, laquelle tend seulement au rejet de la demande en paiement des intérêts au taux contractuel formée par la banque à son encontre, constitue un moyen de défense au fond (art. 71 CPC), sur lequel la prescription est sans incidence [Com., 6 juin 2018, n° 17-10103].

▶ La disproportion du cautionnement (art. L 332-1 c. conso.)

CONDITIONS

Créancier professionnel

+

Caution personne physique
Peu importe qu'elle soit avertie, c'est-à-dire qu'elle dispose de connaissances lui permettant d'apprécier les risques de son engagement.

+

Disproportion manifeste, lors de la conclusion du cautionnement, entre l'engagement de la caution et ses biens et revenus.
C'est à la caution de prouver la disproportion au jour de son engagement.

Il ne suffit pas que l'engagement de la caution soit pratiquement du montant de son patrimoine (actif – passif), la disproportion manifeste suppose qu'au jour de son engagement la caution soit dans « l'impossibilité manifeste de faire face à son obligation avec ses biens et revenus » [Com., 28 févr. 2018, n° 16-24841]. La disproportion manifeste de l'engagement de la caution mariée s'apprécie tant au regard de ses biens et revenus propres que de ceux de la communauté [Com., 15 nov. 2017, n° 16-10504 ; Com., 22 févr. 2017, n° 15-14915].

EFFET

Déchéance totale du droit d'agir contre la caution

EXCEPTION

Le patrimoine de la caution lui permet de payer au moment où elle est appelée.
C'est au créancier de prouver qu'au jour où la caution est appelée son patrimoine lui permet de payer.

▶ La responsabilité civile du créancier

La caution dispose d'une option procédurale [Com., 26 oct. 1999, *Echaudemaison*, n° 96-16837 ; Com., 13 déc. 2017, n° 13-24057] : (i) demande reconventionnelle pour obtenir des dommages-intérêts et une compensation ou (ii) défense au fond pour obtenir le rejet de la demande du créancier.

Responsabilité extracontractuelle	Responsabilité contractuelle
La caution peut invoquer un préjudice propre consécutif à la faute du créancier à l'égard du débiteur principal (manquement au devoir d'information, de conseil ou de mise en garde, soutien abusif, rupture abusive de crédit).	En cas de faute du créancier à l'égard de la caution résultant d'un manquement au : - devoir d'information (conditions contractuelles, situation du débiteur). Et si la caution est non avertie (i.e. la profession de la caution ne lui permet pas d'avoir conscience des risques) : - devoir de mise en garde sur les risques du cautionnement, c'est-à-dire sur l'adaptation de l'engagement aux capacités de la caution ou sur le risque d'endettement lié à l'inadaptation du prêt aux capacités du débiteur.
Préjudice : perte de chance de ne pas se porter caution, de ne pas être appelée ou de payer une somme moindre	

B. LES SÛRETES PERSONNELLES NON ACCESSOIRES

1° La garantie autonome ou à première demande (art. 2321 c. civ.)

a) La qualification

« Un engagement ne peut être qualifié de garantie autonome que s'il n'a pas pour objet la dette du débiteur principal et comporte une stipulation de l'inopposabilité des exceptions » [Com., 3 juin 2014, n° 13-17643]. Les critères de l'indifférence de l'obligation principale et de l'inopposabilité des exceptions sont cumulatifs.

b) Les conditions de formation

- Mention écrite de l'article 1376 du code civil

- Exigence du consentement exprès du conjoint du garant pour engager les biens communs (art. 1415 c. civ.)

- Exigence de l'autorisation préalable du conseil d'administration de la société anonyme garante.

- La garantie autonome ne peut être souscrite à l'occasion d'un crédit immobilier ou d'un crédit à la consommation régi par le code de la consommation (art. L 314-19 c. conso.).

- En matière de bail d'habitation, une garantie autonome ne peut être souscrite qu'en lieu et place du dépôt de garantie et ne peut donc être supérieure à un mois de loyer en principal (L. 6 juill. 1989, art. 22 et 22-1-1).

c) L'efficacité de la garantie autonome

▶ **L'appel en garantie**

Le bénéficiaire doit exiger le paiement en des termes fermes et non équivoques. Si la garantie est à première demande, l'appel en garantie, conforme aux exigences de forme fixées par le contrat, est suffisant pour actionner le garant. Si la garantie est documentaire, le bénéficiaire doit fournir des documents (facture, connaissement, contrat de base, etc.). La défaillance du débiteur de base n'est jamais une condition de l'appel en garantie.

▶ **L'inopposabilité des exceptions**

Seules les conditions prévues dans la lettre de garantie (rapports entre le garant et le bénéficiaire) peuvent être invoquées pour faire obstacle au paiement. En revanche, « le garant ne peut opposer aucune exception tenant à l'obligation garantie » (art. 2321 c. civ.) : nullité du contrat de base, faute contractuelle du bénéficiaire, terme, montant de l'obligation garantie, prescription, compensation, etc. Par exception, « le garant n'est pas tenu en cas d'abus ou de fraude manifestes du bénéficiaire ou de collusion de celui-ci avec le donneur d'ordre » (art. 2321 c. civ.) : falsification d'un document exigé pour l'appel en garantie, jugement définitif établissant l'absence de créance du bénéficiaire, appel en garantie au titre d'un autre contrat que le contrat de base lié à la garantie.

d) La transmission de la garantie autonome

« Sauf convention contraire, [la garantie autonome] ne suit pas l'obligation garantie » (art. 2321 al. 4 c. civ.). Le changement de bénéficiaire en cas de cession de créance, décès, fusion absorption ou scission du créancier met fin, sauf clause contraire, à la garantie autonome.

En revanche, et malgré la lettre de la loi, le décès ou la fusion absorption du garant ou du donneur d'ordre devrait emporter transfert de la garantie à l'héritier ou à la société absorbante.

2° La lettre d'intention

« La lettre d'intention est l'engagement de faire ou de ne pas faire ayant pour objet le soutien apporté à un débiteur dans l'exécution de son obligation envers son créancier. » (art. 2322 c. civ.) L'émetteur ou signataire de la lettre d'intention ne s'engage ni à exécuter l'obligation du débiteur principal, ni à payer une somme d'argent de sorte que l'article 1376 n'est pas applicable.

Selon la formule employée dans l'acte, la lettre d'intention peut stipuler une obligation de résultat (ex. : garantir que le débiteur s'exécutera ; faire en sorte que le débiteur remplisse ses obligations) ou une obligation de moyens (ex. : s'engager à faire les meilleurs efforts pour que le débiteur s'exécute ; apporter un soutien financier au débiteur).

S'agissant d'une garantie indemnitaire, le créancier doit prouver une faute, un préjudice et un lien de causalité pour obtenir des dommages-intérêts.

2 LES SÛRETÉS RÉELLES

A. LE GAGE

1° Le droit commun du gage

> **Le gage** est une convention par laquelle le constituant accorde à un créancier le droit de se faire payer par préférence à ses autres créanciers sur un bien ou un ensemble de biens mobiliers corporels, présents ou futurs.

a) Les conditions de formation du gage

▶ **Exigence de l'écrit à peine de nullité** (art. 2336 c. civ.)
Par exception, le **gage** conclu par un commerçant ou par un non-commerçant pour un acte de commerce (gage commercial) se prouve par tous moyens (art. L 521-1 al. 1er c. com.).

▶ **Quant au constituant**
- Le gage de la chose d'autrui est nul (art. 2335 c. civ.).
- Le consentement des deux époux est exigé à peine de nullité si le gage porte sur un bien commun ou un meuble garnissant le logement de la famille (art. 1422 al. 2 et art. 215 al. 3 c. civ.).

▶ **Quant à la créance garantie**
Conformément au principe de spécialité, elle peut être présente ou, à condition d'être déterminable, future.

▶ Quant à l'assiette du gage

Selon le principe de spécialité, le gage peut porter sur un meuble corporel ou un ensemble de meubles corporels, présents ou futurs (art. 2333 c. civ.). En présence d'un gage avec dépossession portant sur des choses fongibles, le créancier doit les tenir séparées des choses de même nature qui lui appartiennent (art. 2341 c. civ.). S'il est dispensé de cette obligation, il devient propriétaire des choses fongibles gagées. En l'absence de dépossession, le constituant peut aliéner les choses fongibles gagées à condition de les remplacer par la même quantité de choses équivalentes (art. 2342 c. civ.).

b) L'opposabilité du gage aux tiers (art. 2337 c. civ.)

Le gage sans dépossession est opposable dès l'inscription sur un registre spécial tenu par le greffier du tribunal de commerce.

Le créancier gagiste peut saisir le meuble gagé vendu entre les mains de l'acquéreur (droit de suite). Toutefois, le gage sans dépossession est inopposable au sous-acquéreur de bonne foi.

Le gage avec dépossession est opposable dès la dépossession entre les mains du créancier ou d'un tiers convenu (entiercement).

En présence de gages successifs sans dépossession, le rang des créanciers est réglé par l'ordre des inscriptions. Lorsqu'un bien donné en gage sans dépossession, régulièrement publié, fait ultérieurement l'objet d'un gage avec dépossession, le droit de préférence du créancier gagiste antérieur est opposable au créancier gagiste postérieur (art. 2440 c. civ.).

c) Les effets du gage

▶ En cas de dépossession, le créancier ou le tiers convenu sont tenus d'une obligation de conservation du meuble grevé. En cas de perte ou de détérioration du bien imputable à sa négligence, le créancier gagiste engage sa responsabilité et le meuble doit être restitué au constituant. **En l'absence de dépossession**, le constituant est tenu d'une obligation de conservation dont la violation autorise le créancier à se prévaloir de la déchéance du terme de la dette garantie ou à solliciter un complément de gage (art. 2344 c. civ.).

▶ La réalisation du gage peut résulter :

- De la vente forcée du meuble gagé. Le créancier gagiste peut procéder à la vente forcée du meuble grevé, en suivant les procédures civiles d'exécution, afin d'être payé par préférence sur le prix (art. 2346 c. civ.). La clause visant à contredire les règles de ces procédures, dite de voie parée, est illicite. Toutefois, en matière de gage commercial, le créancier gagiste peut procéder à la vente publique des objets donnés en gage huit jours après une signification faite au débiteur (art. L 521-3 c. com.).

- De l'attribution judiciaire du meuble gagé. Le créancier peut faire ordonner en justice que le bien lui demeurera en paiement, sauf le paiement d'une somme égale à la différence entre le montant de la créance garantie et la valeur du bien (art. 2347 c. civ.).

- De l'attribution par pacte commissoire. Le créancier et le constituant peuvent convenir, lors de la constitution du gage ou postérieurement, qu'à défaut d'exécution de l'obligation garantie le créancier deviendra propriétaire du bien gagé. Au jour du transfert de propriété, lequel n'est pas subordonné à une décision de justice, la valeur du bien doit être déterminée par un expert.

▶ Tout créancier gagiste dispose d'un droit de rétention.

Le droit de rétention est opposable à tous les tiers : créanciers chirographaires ou munis d'une sûreté, tiers acquéreur, vendeur avec réserve de propriété. Lorsque le gage sans dépossession a été régulièrement publié, les ayants cause à titre particulier ne peuvent pas se prévaloir de l'article 2276 c. civ. : « En fait de meubles, la possession vaut titre. » En revanche, le droit de rétention fictif du créancier bénéficiant d'un gage sans dépossession n'est pas opposable au sous-acquéreur du meuble grevé.

LE GAGE (DROIT COMMUN)

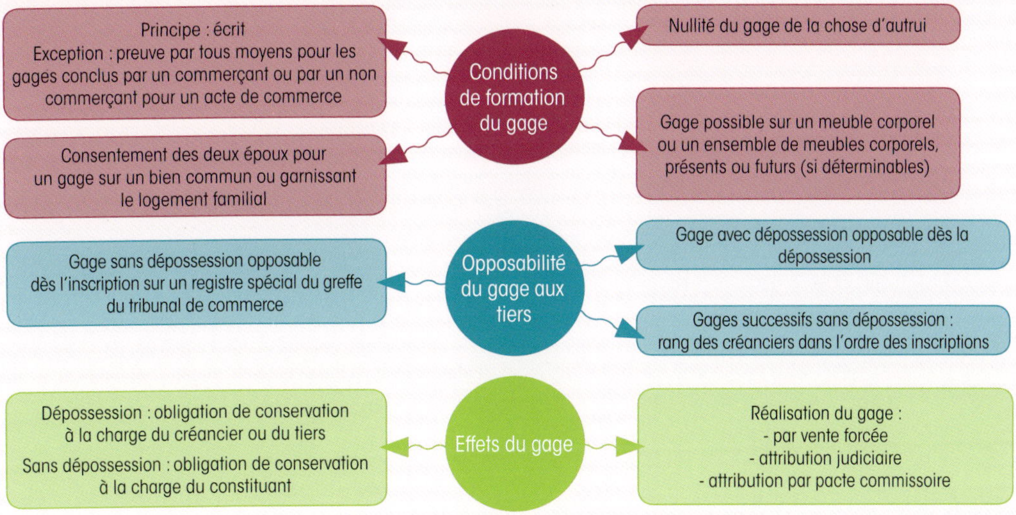

2° Les gages spéciaux

a) Le gage portant sur un véhicule automobile (art. 2352 c. civ.)

Le gage sur un véhicule automobile (VTM) est un gage sans dépossession qui est opposable aux tiers par la déclaration qui en est faite dans les trois mois à la préfecture. Le droit de rétention fictif du créancier sur un véhicule automobile est opposable à tous les tiers, même les sous-acquéreurs du véhicule.

b) Les warrants

Les warrants sont des titres représentant un gage sur certains biens du commerçant et qui sont transmissibles par endossement (signature de l'endosseur au verso) : warrant hôtelier (meubles garnissant un hôtel), warrant agricole (produits, matériels, récoltes), warrant pétrolier, warrant de marchandises, etc.

c) Le nantissement de l'outillage et du matériel (art. L 525-1 c. com.)

▶ **Le nantissement du matériel ne peut garantir que le prix de vente du matériel ou le prêt ayant servi à l'acquisition dudit matériel**. Si l'acquéreur/constituant a la qualité de commerçant, cette sûreté est en grande partie soumise aux règles du nantissement sur le fonds de commerce.

▶ **Le nantissement du matériel doit être conclu par écrit** dans un délai de deux mois à compter de la livraison du matériel grevé. L'écrit doit décrire précisément les biens gagés et indiquer leur lieu d'attache ou, à défaut, qu'ils sont susceptibles d'être déplacés. Le gage doit, à peine de nullité, et dans les 15 jours de l'acte constitutif, être inscrit au greffe du tribunal de commerce (art. L 525-3 al. 2 c. com.).

▶ **Les biens gagés peuvent être revêtus d'une plaque** indiquant le lieu, la date et le numéro d'inscription du privilège (art. L 525-4 c. com.). À défaut d'apposition, le créancier ne dispose d'aucun droit de suite.

▶ **Le constituant est tenu, à peine d'exigibilité des créances garanties, d'informer le créancier sur la date et le lieu de livraison** du matériel si celle-ci n'intervient pas à la date et au lieu initialement prévus. Le créancier doit alors procéder à une inscription modificative au greffe. Le constituant a l'interdiction de vendre le matériel grevé sans l'autorisation du créancier.

▶ **À défaut de paiement**, le créancier gagiste peut procéder à la vente forcée comme en matière de gage commercial (vente publique huit jours après une simple signification faite au débiteur ou au tiers bailleur du gage). Le droit de préférence du gagiste sur le matériel prime toutes les autres sûretés et privilèges, à condition, concernant les créanciers hypothécaires ou inscrits sur le fonds de commerce, qu'une copie de l'acte constatant le nantissement sur le matériel leur ait été signifiée dans les deux mois de la conclusion du nantissement (art. L 525-9, III c. com.). La signification permet ainsi de ne pas faire entrer l'équipement professionnel dans l'assiette de l'hypothèque ou du nantissement du fonds de commerce.

d) Le gage des stocks (art. L 527-1 c. com.)

Le gage des stocks ne peut profiter qu'à un établissement de crédit ou une société de financement. Mais la loi autorise désormais que les stocks puissent faire l'objet d'un gage relevant du droit commun.

L'écrit comporte, à peine de nullité, les mentions relatives à la désignation des créances garanties, la description des biens gagés (présents ou futurs, quantité, valeur, lieu de conservation), la durée de l'engagement et, en cas d'entiercement, l'identité du gardien (art. L 527-2 c. com.). Ne sont pas gageables, les biens soumis à une clause de réserve de propriété (art. L 527-3 c. com.). « Les biens acquis en remplacement des biens gagés et aliénés sont de plein droit compris dans l'assiette du gage. » (art. L 527-5 al. 2 c. com.)

« Le gage des stocks est opposable aux tiers par la dépossession ou par son inscription sur un registre public tenu au greffe du tribunal de commerce dans le ressort duquel le débiteur a son siège ou son domicile. » (art. L 527-4 c. com.) La diminution des stocks d'au moins 10 ou 20 % autorise le créancier à exiger selon le cas, et après mise en demeure, le remboursement d'une partie des sommes prêtées en proportion de la diminution constatée ou le remboursement total de la créance garantie.

B. LE NANTISSEMENT

1° Le nantissement de créance

> **Le nantissement** est l'affectation en garantie d'une obligation, d'un meuble incorporel ou d'un ensemble de meubles incorporels, présents ou futurs. Le code civil réglemente le nantissement de créance. Les nantissements qui portent sur d'autres meubles incorporels sont soumis, sauf dispositions spéciales, au régime du gage.

a) Les conditions

▶ **Exigence d'un écrit daté**

▶ **Identification des créances**

Le principe de spécialité impose que la créance garantie et la créance nantie soient déterminées ou déterminables. Si elles sont futures, l'acte doit permettre leur individualisation ou contenir des éléments permettant celle-ci, tels que l'indication du débiteur, le lieu de paiement, le montant des créances ou leur évaluation et, s'il y a lieu, leur échéance. Si le **nantissement** porte sur un compte bancaire non bloqué, la créance nantie s'entend du solde créditeur au jour de la réalisation de la sûreté ou de l'ouverture de la procédure collective du constituant.

b) L'opposabilité du nantissement de créance

Opposabilité aux tiers	Date de l'acte (art. 2361 c. civ.)	Les créanciers du constituant ne peuvent plus saisir la créance nantie.
Opposabilité au débiteur de la créance nantie	Date de la notification ou de son intervention à l'acte (art. 2362 c. civ.)	Le débiteur de la créance nantie ne peut payer que le créancier nanti.

c) Les effets du nantissement de créance

▶ **En cas d'échéance de la créance nantie, seul le créancier nanti reçoit valablement paiement.**
Si la créance garantie n'est pas échue, le créancier nanti doit conserver les sommes payées par le débiteur à titre de garantie sur un compte bancaire, à charge pour lui de les restituer si l'obligation garantie est exécutée. En cas de défaillance du constituant, et huit jours après une mise en demeure restée sans effet, le créancier affecte les fonds au remboursement de sa créance devenue exigible dans la limite des sommes impayées (art. 2364 al. 2 c. civ.).

▶ **Si le constituant est défaillant avant que la créance nantie ne soit exigible**, le créancier nanti peut se faire attribuer, par attribution judiciaire ou exécution du pacte commissoire, la créance nantie et tous les droits qui s'y rattachent (art. 2365 c. civ.). Sinon les sommes payées au titre de la créance nantie s'imputent sur la créance garantie lorsqu'elle est échue, nonobstant la procédure collective du constituant.

▶ **Le débiteur de la créance nantie peut opposer au créancier nanti les exceptions inhérentes à la dette** (nullité, exception d'inexécution, résolution, compensation de dettes connexes). Il peut également opposer les exceptions nées dans ses rapports avec le constituant avant que le nantissement ne lui soit opposable (octroi d'un terme, remise de dette, compensation de dettes non connexes).

2° Les nantissements spéciaux

a) Le nantissement de titres sociaux

▶ **Les nantissements portant sur des parts de sociétés civiles ou commerciales** résultent d'un écrit qui doit faire l'objet d'une inscription auprès du greffe du tribunal de commerce. Le consentement des associés au projet de nantissement vaut agrément du créancier nanti lors de la réalisation de la sûreté.

▶ **Le nantissement de compte-titres financier**
Les instruments financiers recouvrent notamment les actions et autres titres donnant accès au capital ou au droit de vote, transmissibles par inscription en compte. Le nantissement est constitué par une déclaration signée par le titulaire du compte et adressée à l'établissement tenant le compte (art. L 211-20 CMF). Le nantissement a pour assiette les titres financiers figurant initialement dans le compte nanti, ceux qui leur sont substitués ou les complètent, ainsi que leurs fruits et produits en toute monnaie. Le créancier nanti dispose d'un droit de rétention très utile en cas de procédure collective du constituant. En cas de défaillance du débiteur, le créancier nanti lui adresse une mise en demeure. Huit jours après celle-ci, le créancier nanti transmet au teneur du compte des instructions écrites par lesquelles il lui ordonne de lui transférer la propriété des titres ou de les vendre sur le marché.

b) Le nantissement de fonds de commerce (art. L 142-1 c. com.)

Assiette du nantissement	
Obligatoire	Clientèle, droit au bail, nom et enseigne
Facultatif	Matériel et outillage, droits de propriété intellectuelle
Exclu	Marchandises (cf. gage des stocks)

À peine de nullité, le nantissement est inscrit dans les trente jours suivant sa signature, et après son enregistrement, sur un registre du greffe du tribunal de commerce dans le ressort duquel est exploité le fonds de commerce. Les créanciers inscrits le même jour viennent en concurrence.

Les créanciers inscrits disposent du droit de préférence et du droit de suite. Lors de la vente du fonds, l'acquéreur peut notifier aux créanciers inscrits son intention de les payer avec le prix (purge des inscriptions). Dans un délai de 15 jours, tout créancier inscrit peut exiger, par assignation devant le tribunal de commerce, la mise aux enchères du fonds en offrant le prix principal, non compris le matériel et les stocks, plus un dixième (surenchère du 10e).

En cas de défaillance du débiteur, le créancier inscrit n'a pas le droit de se faire attribuer la propriété du fonds. Il peut seulement procéder à la vente forcée au moyen d'une procédure simplifiée : sommation de payer sous huitaine suivie d'une assignation devant le tribunal de commerce aux fins de vente forcée du fonds.

C. L'HYPOTHÈQUE

L'hypothèque est une sûreté immobilière sans dépossession du constituant qui a pour effet de créer un droit réel accessoire (droit de préférence, droit de suite) sur les immeubles affectés à l'acquittement d'une obligation.

1° L'hypothèque conventionnelle

a) La constitution de l'hypothèque

CONDITIONS DE FOND	
Existence du droit immobilier	L'annulation ou la résolution de la vente d'immeuble anéantit rétroactivement **l'hypothèque** constituée par l'acquéreur [Civ. 3e, 7 janv. 2016, pourvoi n° 14-18360 ; contra, Civ. 3e, 5 nov. 2008, pourvoi n° 07-17357 ; Civ. 3e, 7 avr. 2016, n° 14-24164].
Disponibilité du droit immobilier	Ne sont pas hypothécables, les immeubles faisant partie du domaine public ou les immeubles affectés par une clause d'inaliénabilité [Civ. 1ère, 23 février 2012, pourvoi n° 09-13113].
Principe de spécialité	L'acte notarié doit indiquer la nature et la situation des immeubles grevés. L'hypothèque ne porte que sur des immeubles présents (sauf les exceptions prévues par l'article 2420 c. civ.). Les créances garanties doivent être déterminées ou déterminables. Par exception, si l'hypothèque constituée à des fins professionnelles est stipulée rechargeable, de nouvelles créances peuvent être garanties dans la limite du plafond hypothécaire par inscription en marge à la publicité foncière. L'inscription prend alors rang à la date de l'inscription initiale de l'hypothèque rechargeable.
Plafond hypothécaire	L'acte détermine une somme qui couvre les créances garanties (art. 2423 c. civ.).
Constituant	Propriétaire de l'immeuble. Si le constituant est un indivisaire, l'hypothèque disparaît si l'immeuble est attribué à un autre indivisaire ou si le constituant ne reçoit aucune part du prix de la licitation (art. 2314 c. civ.). Consentement des deux époux si l'immeuble est commun ou sert de logement familial (art. 1424 al. 1er et 215 al. 3 c. civ.).

CONDITIONS DE FORME ET DE PUBLICITÉ	
Acte notarié (art. 2416 c. civ.)	La procuration doit aussi être notariée mais, par exception, si l'hypothèque porte sur l'immeuble d'une société, elle peut résulter de pouvoirs donnés par délibérations ou délégations établies sous signatures privées.
Inscription au fichier immobilier	Dépôt de deux bordereaux datés, signés, certifiés conformes et comportant des mentions obligatoires (désignation des créancier, débiteur et/ou constituant ; désignation des immeubles, etc.).
	L'inscription est prise pour une durée fixée par le créancier dans les limites légales (art. 2434 c. civ.) à l'issue de laquelle il y a péremption sauf si le créancier procède au renouvellement de l'inscription.
	La radiation ou mainlevée de l'inscription est soit volontaire (acte notarié), soit judiciaire lorsque la créance a été payée, en cas d'annulation de l'obligation garantie, etc.
	L'inscription est réduite par le créancier ou le juge lorsqu'elle est excessive (ex. : la valeur d'un des immeubles grevés excède le double du montant de l'obligation garantie).

b) Les effets de l'hypothèque

▶ **La réalisation de l'hypothèque** peut résulter d'une saisie immobilière (prohibition des clauses de voie parée), d'une attribution judiciaire ou d'un pacte commissoire. En cas d'adjudication de l'immeuble, le droit de préférence se reporte sur le prix. Le même mécanisme de subrogation réelle permet au créancier hypothécaire d'être le seul bénéficiaire de l'indemnité d'assurance en cas de dommage causé à l'immeuble grevé (art. L 121-13 c. ass.).

▶ **En cas de purge à l'initiative de l'acquéreur**, l'immeuble est libéré après paiement du « prix aux créanciers qui seront en ordre de recevoir, ou en le consignant » (art. 2481 c. civ.). En effet, l'acquéreur peut signifier à fin de purge, à chaque créancier inscrit, un extrait de son titre d'acquisition, l'extrait de la publication de l'acte de vente et un état hypothécaire sommaire (art. 2478 c. civ.). Par le même acte, l'acquéreur déclare qu'il acquittera les dettes et charges hypothécaires à concurrence du prix. Les créanciers ont 40 jours pour accepter l'offre (leur silence vaut acceptation) ou choisir la procédure de surenchère.

▶ **La purge amiable :** les créanciers inscrits peuvent convenir, au moment de la vente, avec le débiteur, que le prix de vente sera affecté au paiement de leurs créances (art. 2475 c. civ.).

2° Les hypothèques légales et judiciaires

▶ **En raison de leur qualité ou de la nature de leur créance, la loi autorise certains créanciers à inscrire une hypothèque sur les immeubles de leur débiteur** sans qu'un contrat ait été conclu entre le créancier et le constituant : les hypothèques légales des époux pour garantir une créance de participation ou avec l'autorisation du juge lorsqu'un époux introduit une action en justice tendant à faire constater une créance contre son conjoint ; l'hypothèque légale des personnes sous tutelle pour le recouvrement des créances contre l'administrateur de leurs biens ; l'hypothèque attachée aux jugements de condamnation (art. 2412 c. civ.).

▶ **Hypothèque judiciaire conservatoire** (art. L 511-1 CPCE)
Tout créancier dont la créance paraît fondée en son principe peut solliciter, par voie de requête au juge de l'exécution ou au président du tribunal de commerce, s'il justifie de circonstances susceptibles d'en menacer le recouvrement, l'autorisation de procéder à une inscription hypothécaire provisoire. L'inscription doit être effectuée dans les trois mois à compter de l'ordonnance. À peine de caducité, le créancier doit dans le mois qui suit l'inscription provisoire engager une procédure en vue d'obtenir un titre exécutoire. Dès que le créancier dispose du titre exécutoire, il doit procéder à l'inscription définitive.

D. LE DROIT DE RÉTENTION

▶ **De nombreuses dispositions prévoient un droit de rétention :** partage (art. 862 c. civ.), baux (art. 1749 c. civ.), vente à réméré (art. 1673 c. civ.), dépôt (art. 1948 c. civ.), vente (art. 1612 et 1653 c. civ.), etc. Est expressément interdite la rétention (i) de la chose prêtée par l'emprunteur à usage jusqu'au paiement de ce que lui doit le prêteur (art. 1885 c. civ.), (ii) des pièces du dossier d'un client jusqu'au paiement des honoraires de l'avocat dessaisi (art. 9.2 du règlement intérieur national de la profession d'avocat).

CONDITIONS	
Détention / pouvoir de blocage	« Pour retenir, il faut tenir ». Le rétenteur doit détenir le bien objet du droit de rétention. La détention des clefs d'un immeuble n'implique pas la détention de l'immeuble lui-même [Civ. 1ère, 11 mai 2017, n° 15-26646]. La rétention des documents administratifs relatifs à des véhicules ne s'étend pas aux véhicules eux-mêmes [Com., 23 avril 2013, n° 12-13690]. La détention ne doit pas avoir été obtenue par violence ou fraude.
	Par exception, tout créancier gagiste sans dépossession dispose d'un droit de rétention fictif (art. 2286, 4° c. civ.).
Créance garantie certaine, liquide et exigible Par exception, la créance n'a pas à être exigible si le droit de rétention a une origine conventionnelle.	Le garagiste qui a procédé à d'importantes réparations, sans l'accord de son client sur le prix de celles-ci, ne peut se prévaloir d'un droit de rétention [Cass. civ. 1ère, 3 mai 1966, n° 63-13797]. Le délai de grâce et la suspension des poursuites ne font pas obstacle au droit de rétention, dès lors qu'ils ne remettent pas en cause l'exigibilité de la créance mais font seulement obstacle à l'exercice de voies d'exécution forcée.
Connexité (art. 2286 c. civ.)	**Connexité conventionnelle** La chose retenue a été remise au créancier en garantie de sa créance.
	Connexité juridique La créance impayée résulte d'un contrat qui oblige le créancier à livrer le bien retenu.
	Connexité matérielle La créance impayée est née à l'occasion de la détention de la chose (frais de conservation ou d'amélioration).
	Connexité fictive (gage sans dépossession)

EFFETS	
Refus légitime de restituer la chose retenue à son propriétaire jusqu'au complet paiement de la créance	Le créancier rétenteur peut s'opposer à toute saisie-appréhension. En revanche, il n'a ni droit de préférence, ni droit de suite.
Opposabilité *erga omnes*	Le droit de rétention est opposable au propriétaire du bien, quand bien même il ne serait ni le débiteur, ni l'ayant cause de celui-ci (ex. : le garagiste peut retenir un véhicule que lui a remis un locataire).
Procédure collective	N'étant pas une sûreté, le droit de rétention n'a pas à être déclaré en même temps que la créance garantie.

E. LES SÛRETÉS CONFÉRANT LA PROPRIÉTÉ

1° La propriété cédée à titre de garantie

a) Le mécanisme de la cession fiduciaire

Le transfert de propriété est temporaire car il a pour contrepartie le crédit consenti par le créancier et non un prix. Si le crédit est remboursé, le constituant redevient propriétaire du bien qui avait été transmis au créancier. Il existerait un principe de numerus clausus des sûretés réelles qui ferait obstacle à l'admission générale de la cession fiduciaire. Ainsi, « en dehors des cas prévus par la loi, l'acte par lequel le débiteur cède et transporte à son créancier, à titre de garantie, tous ses droits sur des créances, constitue un nantissement de créance » [Cass. com., 19 déc. 2006, n° 05-16395]. La loi ne prévoit que deux mécanismes de cession fiduciaire : la cession Dailly et la fiducie-sûreté.

b) La cession de créances professionnelles dite cession Dailly (art. L 313-24 CMF)

▶ **La cession de créances professionnelles, à titre de garantie et sans stipulation d'un prix**, est soumise à un formalisme strict, étant entendu qu'« aucune autre condition ne peut être ajoutée dans le contrat générateur de la créance » [Com., 11 oct. 2017, n° 15-18372]. Le cessionnaire ne peut être qu'un établissement de crédit ou une société de financement. La créance présente et/ou future doit être contractée dans l'exercice de la profession du cédant. La cession s'effectue par bordereau lequel comporte à peine de nullité :
(i) la dénomination « acte de cession de créances professionnelles soumis aux dispositions des articles L 313-23 à L 313-34 du CMF » ;
(ii) le nom du cessionnaire ;
(iii) la désignation des créances cédées. L'individualisation des créances peut résulter d'un listing joint au bordereau, mais le bordereau doit au moins indiquer le nombre et le montant global des cessions [Cass. com., 20 févr. 2007, n° 05-20562] ;
(iv) la signature du cédant ;
(v) la date de l'acte.

▶ **Le cédant est garant de l'existence et du paiement de la créance.**
Dès la notification faite au débiteur cédé, celui-ci ne paye valablement que le cessionnaire. Le débiteur cédé peut accepter la cession ce qui lui interdit d'invoquer les exceptions tirées de son rapport avec le cédant. La cession est opposable aux tiers à la date indiquée sur le bordereau.

c) La fiducie-sûreté

▶ **La qualité de fiduciaire est réservée aux établissements de crédit, entreprises d'investissement, compagnies d'assurances et aux établissements assimilés, ainsi qu'aux avocats.** La **fiducie** requiert un acte notarié lorsque les biens donnés en fiducie sont des immeubles mais aussi lorsque « les biens, droits ou sûretés transférés dans le patrimoine fiduciaire dépendent de la communauté existant entre les époux ou d'une indivision » (art. 2012 c. civ.). Le contrat de fiducie comprend des mentions obligatoires (désignation des biens et droits transférés, identification des parties, durée) et, s'il s'agit d'une fiducie-sûreté, l'identification de la dette garantie. La fiducie-sûreté peut, à l'instar de l'hypothèque, être stipulée rechargeable (art. 2372-5 et 2488-5 c. civ.).

▶ **Les biens en fiducie forment un patrimoine d'affectation distinct du patrimoine personnel du fiduciaire.** Le patrimoine fiduciaire est à l'abri des créanciers du constituant et du fiduciaire. En revanche, ce patrimoine fiduciaire est engagé pour toutes créances nées de sa conservation ou de sa gestion. Le contrat de fiducie peut prévoir que tout ou partie des biens en fiducie seront mis à la disposition du constituant (contrat de mise à disposition).

▶ **La défaillance du débiteur** a pour effet de conférer au créancier bénéficiaire, si celui-ci a la qualité de fiduciaire, la libre disponibilité des biens donnés en garantie (art. 2372-3 et 2488-3 c. civ.). Si le créancier bénéficiaire n'a pas la qualité de fiduciaire, la défaillance du débiteur lui permet soit d'exiger la remise du bien dont il peut alors disposer librement, soit, si le contrat de fiducie le prévoit, de vendre le bien pour se payer sur le prix.

> « **La fiducie** est l'opération par laquelle un ou plusieurs constituants transfèrent des biens, des droits ou des sûretés, ou un ensemble de biens, de droits ou de sûretés, présents ou futurs, à un ou plusieurs fiduciaires qui, les tenant séparés de leur patrimoine propre, agissent dans un but déterminé au profit d'un ou de plusieurs bénéficiaires. » (art. 2011 c. civ.)

2° La propriété réservée à titre de garantie

a) La clause de réserve de propriété

La clause de réserve de propriété est la clause par laquelle l'effet translatif de propriété d'un contrat est suspendu jusqu'au complet paiement de l'obligation qui en constitue la contrepartie (art. 2367 c. civ.). Elle est l'accessoire de la créance dont elle garantit le paiement. La réserve de propriété est convenue par écrit. À défaut de paiement à l'échéance, le créancier peut demander la restitution du bien. En cas de procédure collective, le créancier-propriétaire devra exercer une action en revendication dans un délai de trois mois à compter du jugement d'ouverture. Toutefois, si la clause a été publiée, le créancier peut exiger la restitution du bien sans être soumis à ce délai de forclusion.

b) Le crédit-bail mobilier ou immobilier

La propriété retenue par le crédit-bailleur joue le rôle de garantie. La publicité du crédit-bail mobilier sur un registre spécial tenu au greffe du tribunal de commerce dans le ressort duquel est domicilié le crédit-preneur rend la propriété du crédit-bailleur opposable aux créanciers et ayants cause à titre particulier du crédit-preneur (art. R 313-10 CMF).

F. LES PRIVILÈGES

Le privilège est une sûreté légale par laquelle un droit de préférence accessoire est accordé à un créancier en raison de la qualité de sa créance.

1° Les privilèges généraux

a) En l'absence de procédure collective

Les frais de justice bénéficient d'un privilège sur l'ensemble des meubles (art. 2331 c. civ.) et des immeubles (art. 2375 c. civ.), à la double condition d'avoir été, d'une part, utiles à la conservation et à la réalisation des biens du débiteur et, d'autre part, exposés dans l'intérêt commun des créanciers.

Le privilège des salariés garantit les six derniers mois de salaire et tous ses accessoires (indemnités de congés payés, indemnités de licenciement, etc.) sur la généralité des meubles (art. 2331, 4° c. civ.) et des immeubles (art. 2375, 2° c. civ.).
Les privilèges généraux sur l'ensemble des biens priment les autres privilèges mobiliers ou immobiliers, et les autres sûretés, de sorte que les créanciers en bénéficiant seront payés avant tous les autres dans le cadre d'une procédure de distribution consécutive à une voie d'exécution.

b) L'ordre des paiements en cas de procédure collective

Sauvegarde et redressement judiciaire	Liquidation judiciaire
1° Superprivilège des salariés (art. L 622-17, II, et art. L 641-13, II c. com.)	Idem
2° Créances de prix des producteurs agricoles (art. 2332-4 c. civ.)	Idem
3° Frais de justice nés régulièrement après le jugement d'ouverture	Idem
4° Créances de « *new money* » ou privilège de conciliation (art. L 611-11 c. com.)	Idem
5° Créances postérieures au jugement d'ouverture nées pour les besoins de la procédure ou en contrepartie d'une prestation fournie au débiteur pendant la période d'observation selon le sous-ordre : (i) créances salariales, (ii) prêts et créances nées de contrats en cours, (iii) autres créances postérieures selon leur rang (art. L 622-17 c. com.)	Créances garanties par une sûreté immobilière (art. L 641-13, II c. com.)
6° Créances antérieures et les autres créances postérieures au jugement d'ouverture selon leur rang	Idem au 5°
Néant	Idem au 6°

2° Les privilèges mobiliers

a) Les privilèges mobiliers généraux

L'article 2331 du code civil fixe l'ordre dans lequel s'exercent les privilèges sur la généralité des meubles : 1° Frais de justice, 2° Frais funéraires, 3° Frais de dernière maladie, 4° Salaires pour l'année échue et l'année courante, etc.

Le code général des impôts confère au Trésor de nombreux privilèges mobiliers généraux qui souvent priment les autres privilèges mobiliers généraux. Les caisses de sécurité sociale bénéficient également d'un tel privilège mais qui se situe au même rang que celui des salaires (art. 2332-2 c. civ.).

b) Les privilèges mobiliers spéciaux

▶ **Le bailleur d'immeuble** dispose d'un privilège pour toutes les créances résultant de l'occupation des lieux, que ce soit au titre du bail (loyers, charges) ou non (indemnités d'occupation) sur tous les meubles garnissant la chose louée (art. 2332, 1° c. civ.).

▶ **Le conservateur d'un meuble** dispose d'un privilège sur la chose conservée pour tous les frais de conservation (art. 2332, 3° c. civ.).

▶ **Le vendeur de meuble non payé** a un droit de préférence qui garantit sa créance correspondant au prix et à ses accessoires (art. 2332, 4° c. civ.). Même sans clause de réserve de propriété, le vendeur peut revendiquer le meuble dans un délai de huit jours suivant la livraison à la condition que l'acheteur soit toujours en possession et que le bien se trouve dans le même état (en cas de procédure collective : art. L 624-13 et -14 c. com.).

▶ **Le privilège du vendeur d'un fonds de commerce** doit être inscrit sur un registre tenu par le greffe du tribunal de commerce dans un délai de 30 jours à compter de l'acte de vente (art. L 141-6 c. com.). L'action résolutoire pour défaut de paiement du prix doit être expressément réservée dans l'inscription sinon elle sera inopposable aux tiers. Le créancier inscrit bénéficie d'un droit de préférence prenant rang à la date de la conclusion de la vente, et d'un droit de suite.

c) Les conflits de privilèges mobiliers

Les privilèges spéciaux priment les privilèges généraux (art. 2332-1 c. civ.), sauf dispositions contraires (notamment le privilège du Trésor, par ex., art. 1920 CGI).

L'ordre des privilèges généraux est fixé par l'article 2332-2 c. civ. (frais de justice, frais funéraires, frais de dernière maladie, etc.).

Celui des privilèges spéciaux est fixé par l'article 2332-3 (conservateur si les frais sont postérieurs aux autres créances privilégiées, bailleur d'immeuble, conservateur si les frais sont antérieurs aux autres créances privilégiées, vendeur de meuble, bailleur d'immeuble s'il connaissait l'existence des autres privilèges, etc.).

3° Les privilèges immobiliers spéciaux

a) Le privilège du vendeur d'immeuble

Le vendeur d'immeuble peut, pour garantir sa créance de prix, inscrire son privilège dans un délai de deux mois à compter de la vente (art. 2378 c. civ.). Le privilège prend rang à la date de la vente et fait bénéficier le vendeur du droit de préférence et du droit de suite sur l'immeuble vendu. Si l'inscription est postérieure au délai, le privilège ne prendra rang qu'à la date de l'inscription. L'inscription tardive devient toutefois inefficace après la publication de la mutation opérée au profit d'un tiers ou après le décès du débiteur dans le cas où la succession a été acceptée à concurrence de l'actif net (art. 2427 c. civ.). La saisie immobilière, la procédure collective ou la procédure de surendettement ouverte contre le propriétaire de l'immeuble font également obstacle à l'inscription tardive.

b) Le privilège du prêteur de deniers

L'acte d'emprunt et la quittance du vendeur doivent être authentiques et comporter la double déclaration de la destination et de l'origine des fonds. Le privilège du prêteur de deniers doit être inscrit dans les deux mois de l'acte de vente. S'il est publié tardivement, il dégénère en hypothèque. Le privilège du prêteur passe après celui du vendeur.

c) Le privilège du syndicat des copropriétaires

Les créances du syndicat contre un copropriétaire sont garanties par une hypothèque légale et un privilège immobilier spécial (loi n° 65- 557 du 10 juill. 1965). Le privilège ne s'exerce qu'en cas de vente du lot de copropriété par le copropriétaire débiteur. À la différence de l'hypothèque légale du syndicat de copropriétaire et des autres privilèges spéciaux immobiliers, le privilège du syndicat des copropriétaires échappe à l'exigence de publicité (art. 2378 c. civ.).

3

SÛRETÉS ET PROCÉDURE D'INSOLVABILITÉ

A. SÛRETÉS ET PROCÉDURES COLLECTIVES

1° Procédure de conciliation

Pendant son exécution, l'accord constaté ou homologué interrompt ou interdit toute action en justice et arrête ou interdit toute poursuite individuelle sur les biens du débiteur dans le but d'obtenir le paiement des créances qui en font l'objet. Résultat : les sûretés réelles sur les biens du débiteur, garantissant les créances intégrées à l'accord, sont paralysées pendant l'exécution de celui-ci.

Les personnes coobligées ou ayant consenti une sûreté personnelle ou ayant affecté ou cédé un bien en garantie peuvent se prévaloir des mesures accordées au débiteur en application du cinquième alinéa de l'article L 611-7 c. com. (délai de grâce), ainsi que des dispositions (remises et délais) de l'accord constaté ou homologué (art. L 611-10-2 c. com.).

Tout crédit accordé au débiteur pendant la procédure de conciliation bénéficie du privilège de *new money*.

2° Procédure de sauvegarde

Le droit de rétention fictif est inopposable pendant la période d'observation et l'exécution du plan (art. L 622-7, I al. 2 c. com.). Le jugement d'ouverture fait également obstacle à la conclusion et à la réalisation du pacte commissoire.

Le juge-commissaire peut autoriser le débiteur à payer des créances antérieures au jugement, pour retirer le gage ou une chose légitimement retenue ou encore pour obtenir le retour de biens et droits transférés à titre de garantie dans un patrimoine fiduciaire, lorsque ce retrait ou ce retour est justifié par la poursuite de l'activité. Le juge-commissaire peut aussi autoriser le débiteur à consentir une sûreté réelle.

Le jugement d'ouverture interrompt ou interdit toute action en justice et procédure d'exécution de la part de tous les créanciers. Les créanciers dont la créance est née antérieurement au jugement d'ouverture, à l'exception des salariés, adressent la déclaration de leurs créances au mandataire judiciaire dans un délai de deux mois (art. L 622-24 c. com.). Les créanciers titulaires d'une sûreté publiée ou liés au débiteur par un contrat publié sont avertis personnellement ou, s'il y a lieu, à domicile élu. Leur déclaration doit indiquer la nature de la sûreté. Les créances non déclarées régulièrement sont inopposables au débiteur pendant l'exécution du plan et après cette exécution lorsque les engagements énoncés dans le plan ou décidés par le tribunal ont été tenus (art. L 622-26 al. 2 c. com.). À défaut de déclaration régulière, les créanciers ne sont pas admis dans les répartitions et dividendes. La décision de rejet de la créance déclarée rendue par le juge-commissaire entraîne l'extinction de la créance et celle de la sûreté qui la garantissait [Com., 4 mai 2017, n° 15-24854].

Pendant l'exécution du plan, les créances non régulièrement déclarées sont également inopposables aux personnes physiques coobligées ou ayant consenti une sûreté personnelle ou ayant affecté ou cédé un bien en garantie (art. L 622-26 al. 2 c. com.). Ces personnes peuvent se prévaloir de l'arrêt du cours des intérêts et de la suspension des poursuites (art. L 622-28 c. com.). Elles bénéficient des délais et remises de dette prévues par le plan (art. L 626-11 c. com.).

3° Le redressement judiciaire

▶ **Les règles relatives aux sûretés sont identiques à celles prévues en matière de sauvegarde.** Toutefois, les personnes coobligées ou ayant consenti une sûreté personnelle ou ayant affecté ou cédé un bien en garantie ne bénéficient pas de l'inopposabilité des créances non déclarées, de l'arrêt du cours des intérêts et des mesures prévues par le plan de redressement.

▶ **Sont nulles de droit, les sûretés réelles consenties pendant la période suspecte pour garantir une dette antérieure** (art. L 632-1 c. com.). Les autres sûretés conclues pendant la période suspecte peuvent être annulées si ceux qui ont traité avec le débiteur ont eu connaissance de la cessation des paiements (art. L 632-2 c. com.).

4° La liquidation judiciaire

▶ **Si la conclusion et la réalisation du pacte commissoire restent interdites, le droit de rétention fictif est de nouveau opposable.** Le jugement d'ouverture de la liquidation judiciaire ne suspend pas les actions contre les coobligés et les personnes ayant consenti une sûreté personnelle ou ayant affecté ou cédé un bien en garantie.

▶ **Une quote-part du prix de cession de l'entreprise est affectée au paiement des créances garanties par une sûreté réelle sur un bien compris dans la cession** (art. L 642-12 c. com.). La cession d'un actif emporte purge des sûretés le grevant, étant entendu que le créancier gagiste, même s'il n'est pas encore admis, peut demander au juge-commissaire, avant la réalisation, l'attribution judiciaire (art. L 642-20-1 c. com.). Le droit de rétention est reporté de plein droit sur le prix du bien cédé. Par exception, la charge des sûretés immobilières et mobilières, garantissant le remboursement d'un crédit consenti à l'entreprise pour lui permettre le financement du bien sur lequel portent ces sûretés, est transmise au cessionnaire.

▶ **Le jugement de clôture de liquidation judiciaire pour insuffisance d'actif empêche les créanciers d'agir contre le débiteur mais non contre les coobligés et cautions.** Par dérogation, les coobligés et les personnes ayant consenti une sûreté personnelle ou ayant affecté ou cédé un bien en garantie peuvent poursuivre le débiteur s'ils ont payé à la place de celui-ci (art. L 643-11, II c. com.).

B. SÛRETÉS ET SURENDETTEMENT DES PARTICULIERS

▶ **La recevabilité de la demande tendant au traitement d'une situation de surendettement emporte suspension et interdiction des procédures d'exécution** diligentées à l'encontre des biens du débiteur ainsi que des cessions de rémunération consenties par celui-ci et portant sur les dettes autres qu'alimentaires (art. L 722-2 c. conso.). Les cautions et garants ne peuvent opposer au créancier la suspension des procédures d'exécution et l'interdiction des paiements.

▶ **Les mesures prévues par le plan conventionnel de redressement** (report et rééchelonnement, remises de dette) constituent des exceptions purement personnelles au débiteur principal qui ne profitent pas à la caution [Civ. 1ère, 13 nov. 1996, n° 94-12856 ; Civ. 1ère, 28 mars 2000, n° 98-04097].

▶ **Les mesures imposées par la commission départementale de surendettement** sont des exceptions personnelles au débiteur qui ne profitent pas aux cautions et garants. En contrepartie, ces mesures ne s'appliquent pas à la créance de la caution qui a payé le créancier et qui pourra